Eine wunderbare Heiterkeit
hat meine ganze Seele eingenommen,
gleich den hellen Frühlingsmorgen,
die ich mit ganzem Herzen genieße.

Gleich und gleich

Ein Blumenglöckchen vom Boden hervor
war früh gesprosset in lieblichem Flor;
da kam ein Bienchen und naschte fein –
die müssen wohl beide für einander sein.

Johann Wolfgang
von Goethe

Im Tale grünet Hoffnungsglück

Das Frühlingsalbum
zum Osterspaziergang

benno

März

Es ist ein Schnee gefallen;
denn es ist noch nicht Zeit,
dass von den Blümlein allen,
dass von den Blümlein allen,
wir werden hocherfreut.

Der Sonnenblick betrüget
mit mildem, falschem Schein,
die Schwalbe selber lüget,
die Schwalbe selber lüget,
warum? Sie kommt allein!

Sollt ich mich einzeln freuen,
wenn auch der Frühling nah?
Doch kommen wir zu zweien,
doch kommen wir zu zweien,
gleich ist der Sommer da.

Frühzeitiger Frühling

Tage der Wonne,
kommt ihr so bald?
Schenkt mir die Sonne,
Hügel und Wald?

Reichlicher fließen
Bächlein zumal.
Sind es die Wiesen?
Ist es das Tal?

Blauliche Frische!
Himmel und Höh'!
Goldene Fische
wimmeln im See.

Buntes Gefieder
rauschet im Hain;
himmlische Lieder
schallen darein.

Unter des Grünen
blühender Kraft
naschen die Bienen
summend am Saft.

Leise Bewegung
bebt in der Luft,
reizende Regung,
schläfernder Duft.

Mächtiger rühret
bald sich ein Hauch,
doch er verlieret
gleich sich im Strauch.

Frühling

Reich ist an Blumen die Flur; doch einige sind nur dem Auge,
andre dem Herzen nur schön; wähle dir, Leser, nun selbst!

Rosenknospe, du bist dem blühenden Mädchen gewidmet,
die als die Herrlichste sich, als die Bescheidenste zeigt.

Viele der Veilchen zusammengeknüpft, das Sträußchen erscheinet
erst als Blume; du bist, häusliches Mädchen, gemeint.

Eine kannt' ich, sie war wie die Lilie schlank, und ihr Stolz war
Unschuld; herrlicher hat Salomo keine gesehn.

Schön erhebt sich der Aglei
und senkt das Köpfchen herunter.
Ist es Gefühl? Oder ist's Mutwill?
Ihr ratet es nicht.

Viele duftende Glocken, o
Hyazinthe, bewegst du;
aber die Glocken ziehn,
wie die Gerüche, nicht an.

Nachtviole, dich geht man am blendenden Tage vorüber;
doch bei der Nachtigall Schlag hauchest du köstlichen Geist.

Tuberose, du ragest hervor und ergötzest im Freien;
aber bleibe vom Haupt, bleibe vom Herzen mir fern!

Fern erblick' ich den Mohn; er glüht. Doch komm ich dir näher,
ach, so seh' ich zu bald, dass du die Rose nur lügst.

Tulpen, ihr werdet gescholten von sentimentalischen Kennern;
aber ein lustiger Sinn wünscht auch ein lustiges Blatt.

Nelken, wie find' ich euch schön!
Doch alle gleicht ihr einander,
unterscheidet euch kaum,
und ich entscheide mich nicht.

Prangt mit den Farben Aurorens,
Ranunkeln, Tulpen und Astern!
Hier ist ein dunkles Blatt,
das euch an Dufte beschämt.

Keine lockt mich, Ranunkeln, von euch, und keine begehr' ich;
aber im Beete vermischt sieht euch das Auge mit Lust.

Sagt! Was füllet das Zimmer mit Wohlgerüchen? Reseda
farblos, ohne Gestalt, stilles, bescheidenes Kraut.

Zierde wärst du der Gärten; doch wo du erscheinest, da sagst du
Ceres streute mich selbst aus mit der goldenen Saat.

Deine liebliche Kleinheit,
dein holdes Auge, sie sagen
immer: Vergiss mein nicht!
Immer: Vergiss nur nicht mein!

Schwänden dem inneren Auge
die Bilder sämtlicher Blumen,
Eleonore, dein Bild brächte
das Herz sich hervor.

Osterspaziergang

Vom Eise befreit sind Strom und Bäche
durch des Frühlings holden, belebenden Blick.
Im Tale grünet Hoffnungsglück.
Der alte Winter in seiner Schwäche
zog sich in raue Berge zurück.
Von dorther sendet er, fliehend, nur
ohnmächtige Schauer körnigen Eises
in Streifen über die grünende Flur.
Aber die Sonne duldet kein Weißes.
Überall regt sich Bildung und Streben,
alles will sie mit Farbe beleben.
Doch an Blumen fehlts im Revier.
Sie nimmt geputzte Menschen dafür.

Kehre dich um, von diesen Höhen
nach der Stadt zurückzusehen!
Aus dem hohlen, finstern Tor
dringt ein buntes Gewimmel hervor.
Jeder sonnt sich heute so gern.
Sie feiern die Auferstehung des Herrn,
denn sie sind selber auferstanden.
Aus niedriger Häuser dumpfen Gemächern,
aus Handwerks- und Gewerbesbanden,
aus dem Druck von Giebeln und Dächern,
aus der Straßen quetschender Enge,
aus der Kirchen ehrwürdiger Nacht
sind sie alle ans Licht gebracht.

Sieh nur, sieh, wie behend sich die Menge
durch die Gärten und Felder zerschlägt,
wie der Fluss in Breit und Länge
so manchen lustigen Nachen bewegt,
und, bis zum Sinken überladen,
entfernt sich dieser letzte Kahn.
Selbst von des Berges ferner Pfaden
blinken uns farbige Kleider an.
Ich höre schon des Dorfs Getümmel.
Hier ist des Volkes wahrer Himmel.
Zufrieden jauchzet groß und klein:
Hier bin ich Mensch, hier darf ichs sein!

Ostergesang

Christ ist erstanden!
Freude dem Sterblichen,
den die verderblichen,
schleichenden, erblichen
Mängel umwanden.

Mit Spezereien
hatten wir ihn gepflegt,
wir seine Treuen
hatten ihn hingelegt;
Tücher und Binden
reinlich umwanden wir,
ach! Und wir finden
Christ nicht mehr hier.

Christ ist erstanden!
Selig der Liebende,
der die betrübende,
heilsam' und übende
Prüfung bestanden.

Über das Frühjahr

Die Kehle der Nachtigall wird durch das Frühjahr aufgeregt, zugleich aber auch die Gurgel des Kuckucks. Die Schmetterlinge, die dem Auge so wohl tun, und die Mücken, welche dem Gefühl so verdrießlich fallen, werden durch eben die Sonnenwärme hervorgerufen; beherzigte man dies, so würde man dieselbigen Klagen nicht alle zehn Jahre wieder erneuert hören, und die vergebliche Mühe, dieses und jenes Miss-fällige auszurotten, würde nicht so oft verschwendet werden.

Mit einem gemalten Band

Kleine Blumen, kleine Blätter
streuen mir mit leichter Hand
gute junge Frühlingsgötter
tändelnd auf ein luftig Band.

Zephyr, nimm's auf deine Flügel,
schling's um meiner Liebsten Kleid!
Und so tritt sie vor den Spiegel
all in ihrer Munterkeit.

Sieht mit Rosen sich umgeben,
selbst wie eine Rose jung.
Einen Blick, geliebtes Leben!
Und ich bin belohnt genung.

Fühle, was dies Herz empfindet,
reiche frei mir deine Hand,
und das Band, das uns verbindet,
sei kein schwaches Rosenband!

Mailied

Wie herrlich leuchtet
mir die Natur!
Wie glänzt die Sonne!
Wie lacht die Flur!

Es dringen Blüten
aus jedem Zweig
und tausend Stimmen
aus dem Gesträuch.

Und Freud' und Wonne
aus jeder Brust.
O Erd', o Sonne!
O Glück, o Lust!

O Lieb', o Liebe!
So golden schön,
wie Morgenwolken
auf jenen Höhn!

Du segnest herrlich
das frische Feld,
im Blütendampfe
die volle Welt.

Der blaue Himmel ruhet über uns,
und an dem Horizonte löst der Schnee
der fernen Berge sich in leisen Duft …

Johann Wolfgang von Goethe

Am 28. August 1749 wird Johann Wolfgang von Goethe in Frankfurt geboren. Er studiert von 1765 bis 1768 in Leipzig und von 1770 bis 1771 in Straßburg, wo er auch promoviert.

Ende August 1771 erhält er die Zulassung als Rechtsanwalt beim Frankfurter Schöffengericht.

1772 beginnt er als Praktikant am Reichskammergericht in Wetzlar. In dieser Zeit entstehen das Drama „Götz von Berlichingen" und Studien zu Baukunst.

Im September 1775 lädt ihn Herzog Carl August nach Weimar ein.

Am 7. November 1775 trifft er in Weimar ein und entschließt sich 1776, Weimar als seinen Wohnsitz zu wählen. Er tritt in den Ratsdienst des Weimarer Hofes.

Im Jahr 1779 wird er zum Geheimen Rat ernannt.

1782 bezieht er das Haus am Frauenplan in Weimar. Davor bewohnte er das berühmte Gartenhaus im Ilmtal.

Ab 1785 reist er oft zur Erholung und zu Studien nach Karlsbad. Anschlie-
ßend an seine Reise im Jahr 1786 begibt er sich auf seine legendäre Italien-
reise über Venedig nach Rom, die er erst im Jahre 1788 beenden wird.
Im gleichen Jahr beginnt seine Verbindung mit seiner späteren Frau Christiane
Vulpius.
Am 7. September 1786 trifft er zum ersten Mal Friedrich Schiller in
Rudolstadt.
Im Jahre 1797 nimmt Goethe die Arbeiten am Faust wieder auf und es ent-
stehen die berühmtesten Balladen.
Am 13. April 1806 kommt der erste Teil des Faust zum Abschluss.
Im Jahr 1825 nimmt er die Arbeit am Faust (zweiter Teil) wieder auf. Die erste
Faust-Theater-Aufführung findet im Januar 1829 in Braunschweig statt.
Am 22. Juli 1831 vollendet Goethe den zweiten Teil des Faust.
Er stirbt am 22. März 1832 in Weimar.

Bibliografische Information der Deutschen Nationalbibliothek
Die Deutsche Nationalbibliothek verzeichnet diese Publikation
in der Deutschen Nationalbibliografie; detaillierte bibliografische
Daten sind im Internet über http://dnb.d-nb.de abrufbar.

Bilder:

Vorsatz: Das berühmte Gartenhaus im Ilmtal, Goethes erste Heimstätte in Weimar.

S. 6/7: Frühlingsimpressionen in Frankfurt am Main, der Geburtsstadt von Johann Wolfgang von Goethe.

S. 8/9: Romantisches Runkel an der Lahn nahe Wetzlar, Goethes Praktikantenort nach dem Studium der Juristerei.

S. 10/11: Die Thomaskirche in Leipzig, Goethes Studien- und Inspirationsort für den Faust.

S. 12/13: Frühlingsimpressionen in Straßburg, Goethes Studienort.

S. 14/15: Schloss Belvedere in Weimar.

S. 16/17: Kolonnaden von Karlsbad, Goethes häufiger Erholungs- und Ferienort.

S. 18/19: Frühlingsstimmung in Malcesine am Gardasee, einem der Aufenthaltsorte Goethes während der Italienreise.

S. 20/21: Blick auf Rom mit dem Petersdom im Frühling. Rom war eine wichtige Station auf der Italienreise Goethes.

S. 22/23: Frühlingsimpressionen der Gärten von Ravello.

S. 24/25: Das legendäre Haus am Frauenplan in Weimar.

S. 26/27: Frühlingsimpressionen von Marienbad, einem der letzten Kurorte des Geheimen Rates.

S. 28/29: Goethe gemalt von Heinrich Kolbe (1822/26) und das Gartenhaus in Weimar zu Goethes Zeit.

Bildnachweis:

Cover: © koroleva8/Fotolia, Vorsatz: © Ulrich Mueller/Shutterstock, S. 6/7: © onairda/Shutterstock, S. 8/9: © mojolo/Fotolia, S. 10/11: © FSEID/Fotolia, S. 12/13: © Alexi TAUZIN/Fotolia, S. 14/15, S. 24/25: © mauritius images / Novarc / Hans P. Szyszka, S. 16/17: © borisb17/Fotolia, S. 18/19: © Yasonya/Shutterstock, S. 20/21: © Leonid Andronov/Fotolia, S. 22/23: © janoka82/Fotolia, S. 26/27: © kaprikfoto/Fotolia, S. 28/29: © mauritius images/ United Archives, © picture-alliance/akg, Alle Illustrationen: Maria Sibylla Merian, Neues Blumenbuch; Lithografien: © SLUB Dresden/Digitale Sammlungen aus: S.B. 760.

Wir danken den genannten Inhabern von Bildrechten für die freundliche Erteilung der Abdruckgenehmigung. Der Verlag hat sich bemüht, alle Rechteinhaber in Erfahrung zu bringen. Für zusätzliche Hinweise sind wir dankbar.

Besuchen Sie uns im Internet:
www.st-benno.de

Gern informieren wir Sie unverbindlich und aktuell auch in unserem Newsletter
zum Verlagsprogramm, zu Neuerscheinungen und Aktionen. Einfach anmelden
unter www.st-benno.de.

ISBN 978-3-7462-5653-5

© St. Benno Verlag GmbH, Leipzig
Zusammenstellung: Volker Bauch, Gößnitz
Covergestaltung: Ulrike Vetter, Leipzig
Gesamtherstellung: Arnold & Domnick, Leipzig (B)